AF500782

DE L'ÉTAT DES NEGRES

relativement à la prospérité

DES

COLONIES FRANÇAISES

ET

DE LEUR MÉTROPOLE;

DISCOURS

AUX

RÉPRÉSENTANS DE LA NATION.

1789.

AVERTISSEMENT.

LES Métaphyficiens qui ont rédigé la déclaration des droits de l'homme, & armé d'un bout du royaume à l'autre ceux qui n'ont rien contre ceux qui possèdent, ne manqueront pas de vouloir rendre brusquement la liberté aux Nègres, sans s'inquiéter des suites d'un décret qui bouleversera toutes nos possessions coloniales, & les arrachera violemment à la Mere-patrie.

Les amis des Noirs ont une tendresse si aveugle pour l'Afrique, que, dans le plan de la félicité générale qui les occupe, ils oublient entiérement l'Europe & l'Amérique : ils ne considèrent la question que dans le point *du Droit naturel*, oubliant exprès les rapports sociaux & politiques; comme si un Empire, un Gouvernement, une Marine & des Colonies étoient *l'état de pure nature.*

Mais, puisque la métaphysique & les abstractions décident aujourd'hui du sort des Français, nous ne craindrons pas de discuter, dans un Mémoire à-part, la question de la servitude & de l'esclavage, en l'appliquant à nos Domestiques, à nos Paysans & aux Nègres en particulier. Qu'il nous ſoit permis, en attendant, d'obſerver que les Anglais, ſtimulés par la ſociété des Noirs, aïant d'abord fait la faute d'agiter cette queſtion en plein Parlement, les Commerçants de Liverpool & autres Villes demandèrent à paſſer en France & à s'y établir; ce qui n'alloit pas à moins qu'à perdre le commerce & les îles de cette Puiſſance. (*)

L'Angleterre nous a donc abandonné prudemment le dangereux honneur de donner la liberté aux Nègres & d'abolir la Traite. Les hommes qui gouvernent tout en ce moment, & qui ne poſſèdent rien, qui veulent faire du bruit & non du bien, ne manqueront pas cette occaſion : la populace Pariſienne, qui ne ſait ce que c'eſt que des Colons & une Métropole, leur applaudira; & l'Angleterre, qui le ſait bien, leur applaudira plus vivement & plus ſincérement encore.

(*) La propoſition en fut faite à M. l'Archevêque de Sens, qui n'en profita pas plus que des propoſitions de la Hollande.

MESSIEURS.

AVANT de quitter la Colonie qui nous a députés vers Vous, nous avions bien appris qu'une société de gens de Paris s'étoit formée sous le titre de société des amis des Noirs.

On nous avoit encore mandé que cette société présenteroit aux États-Généraux la question de l'affranchissement des Nègres dans les Colonies.

Mais nous Vous l'avouons, MESSIEURS, dans les idées que nous avions pu nous former à 1800 lieues des douze cents Réprésentans de la Nation Française, nous ne fûmes nullement allarmés des plans & des projets d'une société qui nous parut plus religieuse que politique.

En-éfet, MESSIEURS, comment eussions-nous pu nous persuader que les douze cents Réprésentans d'un grand Peuple pussent accueillir des projets formés par une société composée de prétendus philoſophes, de gens de beaucoup d'eſprit, peut-être, mais de gens peu verſés dans les grandes queſtions d'adminiſtration, de commerce, de politique & de balance des Empires ?

Nos Commettans n'ont donc pu, MESSIEURS, nous donner des inſtructions ni leurs ordres ſur la queſtion que l'on oſe vous préſenter aujourd'hui, à notre grand étonnement ; & vous ne devez pas être ſurpris de l'embarras dans lequel nous nous trouvons de répondre à des attaques contre leſquelles nos Commettans n'ont pas pu juger devoir ſe prémunir.

Nous l'avouerons, MESSIEURS ; nous n'avons point d'orateurs parmi nous. Des propriétaires de terre, des cultivateurs, des gens qui ne veulent que tranquillité & paix, ſe nourriſſent peu de queſtions & de principes d'un ſens indéfini.

Nos Commettans ont cru, dans la ſimplicité de leurs idées, que des Gens d'honneur, d'un eſprit ſimple & droit, connoiſſant parfaitement les intérêts, les beſoins de leur pays & l'importance dont il eſt à la France, leur ſuffiſoient pour préſenter leurs hommages & leur amour à la Nation Françaiſe & au Roi.

Avant d'entrer, MESSIEURS, dans les détails de la grande cauſe que les ſoi-diſants amis des Noirs Vous préſentent, il me paroît indiſpenſable de nous arrêter un-peu ſur le caractère que l'Europe entière ſe croit en droit de reprocher à la Nation Françaiſe.

Nous possédons, sans-doute, beaucoup de qualités aimables & estimables, MESSIEURS, mais en même temps nous passons chez tous les étrangers pour un peuple léger, inappliqué, précipité dans ses résolutions, ne sachant jamais s'arrêter à-propos & dans de justes mesures; grand amateur de nouveautés, grand imitateur de ses voisins, & enclin à changer d'opinions, de principes, de maximes, presque autant que de modes.

Je n'entrerai point, MESSIEURS, en discussion sur une accusation qui n'a, peut-être, d'autre fondement que la jalousie dont ces étrangers nous honorent.

Cependant, MESSIEURS, nous devons, en toute modestie, convenir qu'il est des matières dans lesquelles nous sommes bien jeunes, & pour lesquelles nos têtes n'ont pas encore la maturité & l'instruction convenables.

Nous ne discuterons point, MESSIEURS, les principes en morale de la société des amis des Noirs, & nous leur abandonnons à cet égard la victoire la plus complette & la plus facile.

Quant aux allégations, aux inculpations qu'ils répandent avec tant de soins dans leurs écrits, nous leur répondrons qu'une créature humaine qui revient au bout de trois ans à celui qui l'a achetée pour cultiver sa terre, à plus de quatre mille francs, sollicite bien plus puissament sa charité, sa mansuétude, ses veilles, ses soins, que tous ces beaux discours, ces amplifications de rhétorique, ces livres traduits de l'Anglais, composés par des avanturiers dont l'unique plan est probablement de bouleverser l'univers.

Nous avons peu d'intérêt, MESSIEURS, à vanter beaucoup l'importance dont nos pays sont à la France; nous abandonnerons les grands développemens de cette cause à toutes les provinces maritimes du Royaume; à toutes nos villes qui bordent l'Océan & la Méditerranée, à plus de cinq millions d'hommes que fait vivre & entretient une augmentation de richesses de plus de deux cents millions qui donnent un mouvement de près de deux milliards aux affaires générales d'une grande Monarchie.

Nous nous bornerons donc, MESSIEURS, à une discussion simple & vraie sur cette grande & importante matière.

Nul n'est riche, MESSIEURS, de ce qu'il consomme, mais bien de ce qu'il possède au delà de sa consommation, & de ce dont il accroît conséquemment sa fortune. Ceci est une vérité incontestable.

Ainsi, si la France produit à-peine ce qui lui est nécessaire pour ses propres besoins; si ce qu'elle vend à l'Étranger des produits de son territoire & de ses manufactures, ne paie pas même, à trente millions près, (*) ce qu'elle est obligée d'en tirer pour ses fabriques, la France n'est donc point riche par elle-même.

Éfectivement, MESSIEURS, suppofons pour un moment que, par un événement quelconque, la France vînt à perdre ses Colonies, & qu'il fût possible que leurs Cultivateurs, au-lieu d'être Français, d'être de familles Françaises, de familles appartenantes à la France par tous les liens qui attachent des hommes d'une classe riche, ou aisée, à leur patrie, devinssent tout-à-coup sujets de l'Angleterre.

Dans cet état de choses, MESSIEURS, il est aisé de concevoir que les Ports des Colonies étant fermés aux vaisseaux de la France, ce Royaume seroit alors obligé de tirer de l'Étranger ce qu'il consomme en sucre, en caffé, en coton & en indigo, & qu'il deviendroit conséquemment tributaire de ces Étrangers, d'une somme de 50 à 60 millions, qu'il lui seroit impossible de solder par les échanges de son territoire & de ses manufactures.

Il est encore aisé de concevoir de quels moyens de richesse & de prospérité s'accroîtroit cette Puissance ennemie de la France, & à quel dégré de force & de gloire la porteroit une augmentation de six cents millions de numéraire qu'elle acquerroit, en dix années, au préjudice de la France, & dont elle pouroit employer les moyens pour attaquer & démembrer le plus beau Royaume de l'Europe, quels que soient sa population & le courage des Français.

(*) Voyez le Mémoire sur le commerce de la France & de ses Colonies, imprimé chez Moutard, page 103.

Vous concevez encore à quel dégré de pauvreté se trouveroit réduit le Royaume en dix années, s'il sortoit de son sein une masse aussi énorme de numéraire.

Mais, MESSIEURS, je vous prie de considérer avec attention le tableau des misères qui attendroient la France, si à cette perte énorme d'un numéraire de six cents millions, qu'elle éprouveroit en dix années, se joignoit celle d'une importation de plus de cent quarante millions que lui doit l'Étranger, toutes les années en retour, des denrées de l'Amérique que des Français lui vendent; & dont s'accroîtroit nécessairement cette Puissance ennemie de la France.

Calculez, MESSIEURS, les maux que feroit en dix années au Royaume la perte de près de deux milliards.

Calculez d'un autre côté tout le danger des entreprises que pouroit former à son gré contre la France une Puissance qui s'accroîtroit d'un numéraire & de moyens aussi considérables; & Vous frémirez, sans-doute, des conséquences des plans d'une société qui n'est que l'émanation criminelle, j'ose le dire, d'une corporation établie à Londres, protégée, guidée, soldée par le Cabinet de Londres, dans l'intention cachée de perdre & d'anéantir le Royaume.

Et qui peut nous assurer, MESSIEURS, dans ces temps de troubles & de malheurs; qui peut nous assurer que les chefs de cette secte ; ceux qui en ont dressé les plans ténébreux dans l'origine, ne soient pas des gagistes de l'Angleterre ?

Des ames honnêtes, des ames sensibles ont pu, sans-doute, se laisser entraîner dans les principes de cette secte par des tableaux mensongers, des maux qu'une portion de l'humanité endure sous la Zône brûlante de l'Amérique : & nous devons leur pardonner des démarches, des écarts dont ils n'ont pas, sans-doute, calculé les conséquences.

Mais les chefs de cette secte, qui sont-ils ? Ne seroit-ce pas des gens exercés déja aux manœuvres sourdes des révolutions ?

Pouvons-nous connoître toute la profondeur de leurs vues sécrètes ?

Ne seroit-ce pas des étrangers déja bannis de leurs pays, qui ne seroient que les exécuteurs des plans meurtriers de M. Pitt, dont le nom seul devroit rappeller aux Français toutes les humiliations de la guerre de 1756 ?

A Dieu ne plaise, MESSIEURS, que dans mon indignation, dans ma douleur, *je confonde* nombre d'honnêtes gens de la société des amis des Noirs.

Il en est beaucoup qui sont pleins de probité, d'honneur, & de sensibilité. Le jour viendra, sans-doute, où ils rougiront, où ils s'affligeront d'être entrés dans les plans, dans les vues de leurs séducteurs. Et si les malheurs qui en seroient les ſuites funeſtes & inévitables, (ſi nous n'y portions rémède par nous-mêmes) nous arrivoient, ils ſeroient, ſans-doute, les premiers à demander vengeance des maux qui nous auroient été faits, & auxquels il n'y auroit malheureuſement plus de rémède.

Mais, MESSIEURS, ſuppoſons pour un moment qu'il fût poſſible aux 12 cents Répréſentans de la première Nation de l'Europe, de mettre de côté la conſidération de la vie, de l'exiſtence de cent mille Français répandus dans toutes les Colonies; ſuppoſons même avec un membre de la ſociété des amis des Noirs, que je nommerai, ſi on l'exige; ſuppoſons qu'il fût bon, en principes d'humanité; que cinq ou ſix cents mille créatures noires égorgeaſſent cent mille Français qui ſeroient leurs maîtres; ſuppoſons encore qu'il fût poſſible de croire que ces cent mille créatures Françaiſes ſe laiſſaſſent égorger comme des agneaux par des créatures Africaines, & que l'homme de l'Amérique, qui n'a pas la réputation d'être ſans courage, ſe laiſſât porter le poignard dans le cœur par la main du Nègre qu'il a vu naître, qu'il a nourri, ſans ſe défendre.

Dans cet état de choſes, MESSIEURS, quel ſeroit le ſort de la France?

Le voici: Elle perdroit deux milliards de ſon numéraire en dix années.

Elle ſeroit forcée de ſe ſervir, ainſi que la Suède, d'une monnoie de cuivre.

Une grande portion des Ouvriers de luxe, des Artistes, des Marchands de la Capitale & des Provinces, seroit forcée de s'expatrier pour aller subsister ailleurs.

Toutes les Manufactures qui fournissent les Colonies de leurs besoins seroient anéanties.

La culture des vignes de la Provence, de la Guyenne, de la Saintonge, seroit diminuée de moitié.

L'herbe croîtroit dans les Villes de Marseille, de Bordeaux, de la Rochelle, de Nantes, du Hâvre, de Rouen.

Plus de cinq millions d'hommes que nourrissent & entretiennent deux cents millions de richesses, réduits à la dernière misère par le défaut de travail, pourroient devenir un surcroît de population dangereuse pour le Royaume, & y causer probablement une grande & sanglante révolution.

Il seroit indispensable de vendre ou de brûler huit cents gros Navires marchands.

Les fortunes de huit à neuf cents Négocians des Ports de Mer, à qui les Colonies doivent, peut-être, plus de trois cents millions, seroient renversées & culbutées.

La France à la vérité n'auroit plus besoin de Marine royale, s'il faut en croire une foule de mauvais écrivains, de prétendus philosophes ; mais ses Côtes seroient alors ouvertes aux incursions de ses ennemis, & elles n'en seroient pas même garanties par un million d'hommes armés, ce dont des gens de guerre se convaincront par un simple apperçu géographique de la vaste étendue de nos Côtes.

Et nous verrions alors probablement, MESSIEURS, bientôt renaître ces temps malheureux de la Monarchie où les peuples du Nord portèrent successivement le ravage, l'incendie & le meurtre dans toutes les parties de la France, malgré les éforts & le courage indestructible de ses habitans.

Voilà, MESSIEURS, ce qui attend inévitablement la France, si, par des écarts d'une métaphysique inintelligible, par des conséquences exagérées, tirées des principes d'un sens indéfini, & dont le développement n'est propre qu'à faire briller des plumes ambitieuses & vénales, qui se complaisent aux scènes ensanglantées des révolutions, les Représentans de la Nation Française se permettoient de prononcer d'une maniere défavorable aux Colonies sur la question insidieuse, perfide, criminelle, que l'on ose aujourd'hui mettre sous vos yeux.

Si cependant, MESSIEURS, tant de considérations n'avoient pas le pouvoir de Vous empêcher de prononcer la perte des Colonies ; s'il Vous étoit possible de Vous persuader à Vous-mêmes que, n'aïant point de possessions extérieures, Vous seriez débarassés de tout sujet de guerre avec l'Angleterre, & que Vous n'eussiez plus besoin d'une Marine qui coûte infiniment en temps de guerre;

S'il étoit possible enfin, MESSIEURS, que d'après ces motifs, Vous crussiez de bonne foi qu'il fût avantageux à la France d'abandonner les Colonies à elles-mêmes; si, dégagés ensuite de toute affection, de tout intérêt de conservation pour cent mille Français répandus dans vos possessions d'outre-mer, Vous Vous croyez autorisés à prononcer l'abolition de la traite & la liberté générale des Nègres dans toutes les Colonies;

Nous nous permettrions alors de Vous faire encore quelques observations.

Pouvez-Vous Vous persuader, MESSIEURS, que la Provence, le Languedoc, la Guyenne, la Saintonge, l'Aunis, le Poitou, la Bretagne, la Normandie, la Picardie, la Flandre, toutes vos Provinces maritimes enfin pussent être satisfaites de votre décision? Pensez-Vous qu'elles prissent en échange de leur aisance, de leur richesse, de leur ancienne prospérité, des principes de philosophe dont les motifs sécrets paroîtront incessament au grand jour?

N'avez-Vous pas à craindre de leur part des réclamations, des protestations contraires au respect, à la confiance que vous devez leur inspirer? Croyez-Vous que leurs Députés pûssent désormais reparoître parmi leurs Concitoyens, dont ils auroient mal calculé, dont ils auroient trahi les intérêts? Pensez-Vous enfin, MESSIEURS, que leur mécontentement pût se borner à de timides plaintes, à des murmures sans éfets.

Je dois par sagesse, MESSIEURS, jetter un voile sur le tableau des calamités, des malheurs qui retomberoient nécessairement sur toute la France, si la prudence, si la science de l'avenir surtout ne présidoient en ce moment aux délibérations, aux décrets de cette auguste Assemblée.

Et c'est ici, MESSIEURS, qu'il est de mon devoir de m'élever avec force, avec courage, au péril même de ma tête, contre les machinateurs de ces perfides plans, de plans dont Vous n'avez, sans doute, pas calculé toute la profondeur & le venin, & que les méchans ont couverts avec un art & une habileté dignes des plus grands conspirateurs.

Quoi! MESSIEURS, c'est au moment où la France s'écroule sous le poids d'une dette épouventable, qui ne peut être soutenu en partie que par le crédit & le mouvement incalculable que donnent au Royaume les productions des Colonies, qu'on ose Vous les proposer ces plans criminels!

C'est au moment où toutes les parties d'un Royaume qui fut autrefois le plus beau de l'Europe, sont en dissolution, que des perfides osent Vous en proposer la totale destruction sous un voile d'humanité, de bienfaisance, de liberté & (chose inconcevable) d'économie politique.

N'en doutez point, MESSIEURS; les méchans! ont conjuré la faillite générale.

Ils ont conjuré le démembrement de la Monarchie;

Ils

Ils ont conjuré la guerre civile ;

Et qui peut méconnoître à ceci, MESSIEURS, la main des éternels ennemis de la France ?

Où s'est formée cette société ? à Londres.

Qui sont ses premiers fondateurs en France ? Des Personnages pensionnés par le Cabinet de Londres.

Quels sont les Orateurs qu'ils emploient ? ......

Je m'arrête ici.

Il nous convient, MESSIEURS, de descendre dans la profondeur des intentions de l'Angleterre & de les analyser.

Quel est l'intérêt de cette Puissance, MESSIEURS ?

Il est de susciter ténébreusement la division de la France ;

Il est de la dépouiller de ses possessions extérieures, de lui faire perdre la force du grand ensemble de la plus belle Monarchie de l'Europe ;

Il est enfin d'exciter la guerre civile dans le Royaume.

Son intérêt est de faire passer sécrettement dans tous les États de l'Europe, par des émissaires adroits & éloquens, les mêmes plans, les mêmes discordes sous le voile de l'humanité, de la liberté.

L'Angleterre resteroit alors la seule grande Puissance existante en son entier dans toute l'Europe.

Elle seule pourroit entretenir une marine formidable.

Elle seule fourniroit à tout le globe les marchandises de tous les pays de l'Univers.

Elle seule feroit un commerce extérieur qui lui attireroit l'or du Monde entier.

Elle donneroit des loix à toute la terre ; elle seroit le centre de l'univers ; elle seroit la dominatrice de toutes les Nations ; tout aboutiroit à elle, & 10 à 12 millions d'hommes au-plus en tiendroient plus de 150 millions dans les fers du besoin & de la nécessité.

Ce n'est, sans-doute, MESSIEURS, qu'après avoir fait couler des flots de sang, sans en avoir répandu elle-même, que l'habile Angleterre veut parvenir à ses fins.

Sa dette nationale lui fait craindre pour elle-même le retour des maux qu'elle nous cause, si elle avoit l'imprudence de nous déclarer la guerre ; nous n'avons probablement point à la craindre de sa part ; mais 20 à 30 millions répandus adroitement par ses nombreux agens dans tous les ordres, dans toutes les classes, améneroient nécessairement le succès de ses projets ambitieux & sanguinaires, si des Français courageux n'osoient, au péril même de leur vie, développer toute la profondeur & le danger de sa politique.

Vous ne pouvez douter, MESSIEURS, que les affaires de la France ne soient depuis quatre ans l'objet des méditations de l'Angleterre.

Elle a calculé notre dette nationale, les abus révoltans de notre adminiſtration, l'eſprit général qui fait mouvoir la Capitale, & elle a pu juger que le moment de la diſſolution de toutes les parties de la Monarchie Françaiſe n'étoit point éloigné.

Il ſeroit difficile de nous perſuader, MESSIEURS, que le Miniſtère Anglais n'ait pris de grandes meſures, d'après cet apperçu qui ne pouvoit échapper aux yeux les moins pénétrans; & ſi nous voulons bien nous rappeller l'embarras dans lequel s'eſt trouvé M. Pitt de rendre un compte public de 48 millions dont les dépenſes ont été annoncées comme le ſecret de l'État, nous ne douterons plus que l'Angleterre n'ait manœuvré puiſſamment contre la France depuis deux ans.

Mais nous aurons, MESSIEURS, la clef des dépenſes ſécretes du compte de M. Pitt, ſi vous voulez bien vous rappeller ce qui ſe paſſoit alors en France.

Reſſouvenez-vous combien de plumes ardentes s'exercèrent alors ſur notre ſituation, qui ne préſentoit que des deſaſtres.

Dans cette inquiétude d'eſprit, qui agitoit ſourdement le Royaume; dans le choc de mille opinions diverſes ſur la nature des Gouvernemens; dans l'écroulement de tant de fortunes, occaſionné par un luxe éfréné & les mœurs les plus diſſolues, s'élevoient, MESSIEURS, de ces hommes qui n'appercevoient d'autres reſſources contre la misère &

l'opprobre qui les menaçoient, que dans le renversement général de la Monarchie.

Dans ces circonstances, Messieurs, se formoit à Londres une société politique & religieuse sous le titre de société des amis des Noirs.

Sa doctrine ne tendoit en apparence qu'à l'abolition de la traite & à l'affranchissement graduel des Nègres. Elle en tiroit les principes du droit naturel, & ses conséquences étoient certainement incontestables en morale.

Mais les intérêts politiques se mêlant à ceux de la morale, cette secte a son mystère, comme toutes les sectes du Monde ont le leur : & ce mystère, qui est d'un sens profond, elle a grand soin de le voiler pour ces caractères pusillanimes qui reculent d'éfroi à l'idée seule des grandes révolutions qui peuvent ensanglanter la Terre.

Ce mystère, Messieurs, cache le plus vaste projet que l'esprit humain ait jamais osé concevoir, le renversement de tous les Empires.

Tel est, Messieurs, le mystère de la secte des amis des Noirs, qui n'offre à l'imagination séduite des hommes qui ne savent point en approfondir les conséquences sanguinaires, qu'un roman artificieux, qui, sous le nom de l'humanité, commande la destruction.

Les plans de cette secte, Messieurs, ont été imaginés dans le nord de la Nouvelle Angleterre par les Quakers, qui sont les plus habiles politiques de ces Provinces, dont les terres (observons-le) ne peuvent être cultivées que par des Blancs, à-cause du froid excessif qui y règne les trois quarts de l'année.

Il est essentiel de remarquer que ces Provinces sèptentrionales avoient fort peu de Nègres, que le caractère de ces malheureux invinciblement portés à la paresse & au larcin, y étoit fort discrédité, & qu'à-peine daignoit-on s'en servir en qualité de domestiques.

Je dois encore vous faire observer qu'il s'étoit élevé entre ces Provinces sèptentrionales & celles du Mariland, de la Virginie, des deux Carolines & de la Géorgie, de grandes jalousies de commerce, de navigation & de richesse, & que les terres de ces Provinces méridionales n'y pouvant être cultivées que par des Nègres, à-cause de la grande chaleur & de l'insalubrité du climat, la révolte des Esclaves devenoit un sûr moyen d'en arrêter la prospérité.

Je me sens entraîné malgré moi, MESSIEURS, dans de grands détails de politique; mais j'ai dû vous faire ces observations, pour vous amener graduellement aux résultats qu'il vous sera nécessaire de former, afin de parvenir à déveloper tous les plis & replis politiques de la secte des amis des Noirs.

Les Provinces du nord de la Nouvelle Angleterre, MESSIEURS, se trouvent chargées d'une dette énorme, dont elles ne peuvent espérer la libération en partie que par la vente de leurs terres & par une grande navigation.

Pour y parvenir, il leur convient de se procurer une grande population & de grands capitaux, que le discrédit de leurs affaires présentes éloigne nécessairement.

Ces Provinces ont senti, MESSIEURS, qu'elles ne pouvoient parvenir au succès de leurs projets, qu'en excitant, dans tous les états des deux Mondes, des révolutions, des guerres qui leur améneroient indispensablement ces plantes parasites de tous les États, cette classe d'hommes pour qui tous les pays sont à peu près égaux, & qui, pouvant emporter avec eux toutes leurs richesses dans un porte-feuille, ont la faculté de se mettre, en 24 heures, à-l'abri de tous les dangers des guerres civiles.

Je dois vous le dénoncer, MESSIEURS; c'est dans l'analyse, dans les recherches des combinaisons politiques du peuple le plus embarrassé dans ses affaires, du peuple le plus délié qu'il y ait sur la terre, que se sont formés les dogmes de la société des amis des Noirs.

C'est là que se sont fabriquées les premières torches qui, dans les renversemens des trônes & de toutes les formes de gouvernement, doivent embraser les deux Mondes.

C'est dans les malheurs des guerres civiles qui menacent tous les États de l'Univers, que se fera cette émigration des Capitalistes de tous les pays, que se promet la nouvelle Angleterre.

On ne peut douter, MESSIEURS, que les

premières vues de la ſociété des amis des Noirs de Philadelphie ne ſe ſoient portées ſur les poſſeſſions Eſpagnoles d'outre-mer qui touchent, pour ainſi dire, celles des Provinces-Unies.

En excitant des inſurrections, des révoltes au Pérou, au Mexique, la ſociété des amis des Noirs de Philadelphie comptoit procurer à ſon pays les tréſors de ces riches contrées; & nous devons nous rappeller que *l'Eſpagne ſe vit, il y a 8 ans, dans de grands embarras, dans cette partie de ſes poſſeſſions.*

Nous ne pouvons douter encore que le projet de changer la face de l'Angleterre elle-même, celle de la Hollande, ne ſoit entré dans la conſpiration de cette ſociété.

Mais, MESSIEURS, de grandes difficultés ſe ſont oppoſées à ſes ſuccès dans les Colonies Eſpagnoles.

L'Inquiſition, cette inſtitution redoutable; cette inſtitution tout auſſi politique peut-être que religieuſe, leur a préſenté un rempart trop formidable pour oſer y tenter un établiſſement.

D'anciens principes, que des eſprits forts appelleront préjugés, ſans-doute, y conſervent une grande force. *Les Eſpagnols aiment encore leur Roi, leur ancienne religion, les formes antiques de leur Gouvernement.* Les humbles amis des Noirs ſeroient aſſurés d'y obtenir les glorieuſes palmes du martyre qu'ils n'ambitionnent pas; & la ſublimité de leur ſyſtême n'y feroit pas fortune.

L'Angleterre leur a donc paru la partie de l'Europe la plus propre à former leur premier établissement ; & la Nation Anglaise comptant sur l'amour religieux que tout Anglais porte à son pays & à son gouvernement, n'a dû le voir que dans cet esprit d'indifférence qu'elle accorde à toutes les opinions religieuses & politiques.

Il est à croire, MESSIEURS, que les Anglais n'ont regardé cette société que sous le point-de-vue qui leur avoit fait tolérer celle de Cagliostro, des Illuminés, des Martinistes & de tant d'autres que quelques années feroient tomber dans le ridicule, dans le mépris & dans l'oubli.

Mais le Ministère Anglais, cet argus infatigable de toutes nos opinions, de toutes nos actions, l'a sans-doute envisagé sous un point-de-vue différent.

Observateur constant de la position de notre crédit, de toutes les variations de notre caractère & de cet esprit d'imitation qui ne nous abandonnera jamais, il a vu dans la secte des amis des Noirs un moyen politique d'arriver aux plus grandes révolutions qu'ait encore éprouvées la Monarchie Française.

Il a vu que le temps de rendre avec usure à la France ce qu'il nous réserve dans son cœur pour l'indépendance de l'Amérique septentrionale, étoit venu.

Il a calculé le caractère inquiet de cette foule d'embrions de cour que l'envie de changer de place &

l'amour de la nouveauté, plus que le desir de s'instruire, ont fait voyager en Angleterre depuis quelques années; & il a jugé que les plus grands ennemis de la France pouvoient être des Français mêmes.

Éfectivement, MESSIEURS, rappellons-nous avec quelle ardeur les opinions de vingt sectes diverses, toutes plus dangereuses, plus absurdes les unes que les autres, furent embrassées par des personnes de tout sexe & de toute condition, il y a quelques années; & nous concevrons que le Ministère Anglais a pu se persuader qu'il n'y avoit rien de ridicule, de destructeur, en tout genre, qu'il ne fût possible de faire adopter à des Français.

Le Ministère Anglais a donc dû voir sans inquiétude de l'établissement de la société des amis des Noirs à Londres, mais encore il a dû, dans ses vues de vengeance & de destruction contre la France, faire protéger cette secte par ses orateurs, ses écrivains les plus célèbres, qui dans ce pays, comme ailleurs, savent mesurer leurs opinions, leurs maximes sur la quantité d'or qu'on leur présente.

Il a dû faire répandre mille écrits divers en faveur de la doctrine de cette société.

Il a dû faire porter en grand appareil la cause des amis des Noirs, ces protecteurs de la liberté des Hommes, au tribunal suprême de la nation Anglaise.

Cette cause a dû faire l'objet de beaucoup de séances fort intéressantes, & donner de grandes inquiétudes à cette classe nombreuse de Négocians observateurs de la marche du Ministère Anglais.

Pour en impoſer avec plus d'éclat ſur la pureté des intentions du Miniſtère, ces ſéances ont dû ſe ſuccéder les unes aux autres avec beaucoup de vivacité, & ſe rallentir enſuite avec art & méthode.

Les écrits, les livres qui ont été faits ſur cette matière ont dû être envoyés en France, pour y être traduits par les plus habiles Gens de Lettres, par quelques Philoſophes répandus dans les cercles les plus brillans.

La fortune, les dépenſes de ces Gens de Lettres, de ces Philoſophes ont dû augmenter d'une manière frappante.

Le Miniſtère de France a dû être ſondé myſtérieuſement ſur ſes diſpoſitions, ſes opinions rélativement à ſes Colonies.

Tous les Rédacteurs des papiers publics de la France, tous ſes Journaliſtes, les Gazetiers ont dû être puiſſamment intéreſſés à rendre des comptes adroits de ce que ces écrits Anglais renfermoient de plus ſéduiſant, de plus pathétique & de plus captieux dans cette matière.

Lorſque les eſprits des Français ont été préparés à point par la lecture de ce qui avoit été préſenté en ce genre, le Miniſtère Anglais a dû s'occuper de trouver de ces hommes ingénieux, intrigans, ſans fortune, ſans reſſource, bannis de leur patrie pour des ſéditions, & que le beſoin de ſubſiſter rend capables de tout entreprendre au riſque même de périr en place publique.

Le Miniſtère Anglais a dû prodiguer l'or à ces hommes : car il falloit perſuader, ſéduire, corrompre, former un établiſſement. Et quoique toutes ces choſes duſſent-être fort peu chères chez une nation légère, imitatrice de ſes voiſins, ulcérée par les vices de ſon adminiſtration, corrompue par ſon luxe, le Miniſtère Anglais ſentoit parfaitement qu'on ne forme pas une grande révolution ſans faire de grands ſacrifices.

Ces hommes ont formé l'établiſſement d'une ſociété des amis des Noirs, à Paris, entretenant correſpondance de fraternité avec celle de Londres.

Les ſuccès de cet établiſſement étonneront, ſans-doute, ceux qui ne voudront pas réfléchir ſur la diſpoſition générale des eſprits de la Capitale.

L'or a dû être prodigué à ces caractères ardens, inquiets, amateurs des nouveautés, qui ſe complaiſent aux révolutions. La morale la plus pure, la plus ſéduiſante a été préſentée à ces ames ſenſibles, à ces hommes de bien qui forment des vœux ſincères pour le bonheur de l'humanité. La perſpective de toutes les jouiſſances, de l'ambition la plus ſatiſfaite de plus hautes dignités, des places les plus lucratives, du miniſtère, du commandement des armées, a été offerte à ces petits ambitieux de cour, brouillons ſans talent, conjurés ſans courage, ruinés la plupart de ſanté, d'honneur & de fortune, & aſſez peu éclairés pour ne pas appercevoir qu'ils ne ſeroient que de vils inſtrumens de révolutions, dont des conspirateurs plus habiles qu'eux, se serviroient pour les dédaigner ensuite, & les mettre plus bas qu'ils n'étoient auparavant.

Lorsque le Ministère Anglais a pu présumer que la corporation des amis des Noirs de Paris avoit acquis quelque force, il s'est alors occupé de faire cesser les murmures de toute la Nation Anglaise, l'inquiétude des Négocians, des propriétaires de ses Colonies.

De ce moment les amis des Noirs de Londres, ont été moins accueillis; les raisons des Commerçans ont été mieux entendues; les informations, les opinions ont paru leur être plus favorables; & tout-à-coup la cause a été renvoyée à une autre session du Parlement, où elle ne sera certainement reprise & traitée que d'après les calculs de la politique & des intérêts de l'Angleterre.

Éfectivement, Messieurs, si l'Angleterre, qui ne peut être balancée dans le commerce & la navigation énorme que lui procurent ses possessions de l'Inde, que par l'influence incroyable que donnent à la France, dans toute l'Europe, les productions des Colonies, pouvoit parvenir, par le sacrifice même des Isles qui lui donnent à-peine 50 millions, à déterminer la France à renoncer aux siennes, qui lui en donnent plus de deux cents, nous ne pouvons douter que l'habile Angleterre ne se déterminât à prononcer l'afranchissement des Nègres ſauf à ſes ſujets des Colonies à prendre le parti qui leur paroîtroit le plus convenable.

En éfet, Messieurs, calculez un-peu le génie de tous Anglais. Pouvons-nous penser que les Habitans des Colonies Anglaiſes ſouffriroient avec patience un décret qui les priveroit de leurs propriétés, qui tendroit à mettre leur vie en péril Croyez-vous que le Miniſtère Anglais osât armer les flottes de la Nation pour ſoutenir un tel décret, & que ſourdement il n'en favoriſeroit point l'infraction & la répulſion, dès le moment que vous auriez prononcé la perte de Colonies Françaiſes?

Et vous allez juger, Messieurs, combien de fineſſe, d'aſtuce, de mauvaiſe foi, le Miniſtère Anglais a employé dans cette affaire.

Dans le temps même où tous les papiers publics de l'Angleterre n'étoient remplis que des diſcuſſions de la cauſe des amis des Noirs; dans le temps où ces fameuſes ſéances du Parlement ſe ſuccédoient les unes aux autres avec le plus de vivacité en faveur de cette cauſe; c'eſt alors, Messieurs, c'eſt dans ce temps même que le Miniſtre Anglais, qui ſe connoît un peu mieux en commerce que le nôtre, ſignoit un traité par lequel il s'obligeoit de fournir aux Eſpagnols toute la quantité de Nègres qui leur ſeroient néceſſaires pour exploiter les terres de leurs Colonies.

Eh! Messieurs, ne nous laiſſons point abuſer par des ruſes qui ne peuvent en impoſer qu'à des gens qui n'ont vu les choſes que de leur cabinet, & qui n'ont point été intéreſſés à parcourir tous les dédales de la politique de l'Angleterre. Vous devez dire, MESSIEURS : la ſecte des amis des Noirs de Paris eſt une émanation de celle d'Angleterre ; donc ſa morale, ſa doctrine doivent cacher la perte de la France ; donc il n'y a lieu à délibérer ſur toutes les propoſitions que ces ennemis de la France peuvent nous faire.

Non, MESSIEURS, Vous ne vous laiſſerez point égarer par les projets d'une ſecte formée par les ennemis de la France. Ces proteſtations d'intérêt, d'amitié, de fraternité, dont le Miniſtère Anglais Vous fait adroitement aſſurer par des journaliſtes qui, ſans-doute, lui ſont vendus, n'en imposeront point à Votre ſageſſe.

Vous ne croirez pas aux vœux que Votre ennemi naturel peut former pour la proſpérité de la France.

Vous ſaurez juger d'où partent ces écrits ſentimentaux, dont de prétendus philoſophes, des journaliſtes inondent à-deſſein la Capitale & les Provinces.

Vous ſaurez en apprécier les motifs.

Les ſcènes ſanglantes qui ſe ſont jouées dans toutes les parties du Royaume ; le malheureux eſprit qui s'eſt introduit chez les peuples de la campagne Vous auront ouvert les yeux ſur les malheurs dans leſquels Vous précipiteriez les Colonies, ſi

Vous touchiez au régime & aux moyens politiques qui les ont préservés de leur perte depuis cent cinquante ans.

Vous n'ordonnerez point la destruction de pays dont les premiers possesseurs ont conquis les terres par leur courage & leurs seuls éforts; que leurs descendans ont conservés par leur prudence & leur sagesse; qu'ils ont cultivés pour Vous enrichir & pour donner à Votre Royaume une prépondérance que jalousent en-vain Vos ennemis.

Vous traiterez au-moins les Propriétaires des Colonies comme de fidèles alliés qui ont prodigué, dans tous les temps, leurs fortunes& leurs vies, pour repousser les attaques de Vos ennemis, lors même que Vos Ministres avoient la cruauté de les abandonner à toutes les horreurs de la famine, dont ces ennemis seuls pouvoient les tirer & les garantir.

L'expérience Vous aura appris, Messieurs, que le desespoir mène les peuples à des résolutions exagérées & presque toujours contraires à leurs affections les plus chères. Vous ne le porterez point dans le cœur de Vos parens, de Vos amis, de Vos frères.

Vous n'exposerez point le Royaume à perdrepresque tout son numéraire en moins de dix années.

Vous ne ruinerez point Vos Provinces maritimes, les Villes les plus opulentes de votre Royaume.

Vous ne renverserez point les fortunes des Négocians des ports de mer, à qui les Colonies doivent plus de 300 millions.

Vous penserez que la ruine de ces Négocians entraîneroit celle de tous les Banquiers, de tous les Marchands du Royaume, d'une grande quantité de Propriétaires de terres, de presque tous les Manufacturiers, & d'un nombre incalculable d'Ouvriers de toute espèce, que vous forceriez de s'expatrier, pour aller enrichir vos ennemis, de leur industrie.

Enfin, MESSIEURS, Vous ne prononcerez point un décret dont l'éfet seroit de rendre la France tributaire de vos ennemis, & de donner à l'Angleterre l'empire du Monde.

FIN.

www.ingramcontent.com/pod-product-compliance
Ingram Content Group UK Ltd.
Pitfield, Milton Keynes, MK11 3LW, UK
UKHW012307240726
13966UKWH00004B/1702

9 782012 486256